Ln 27 17676

DISCOURS
SUR SAINT ROCH,

A L'OCCASION

DE L'ANNÉE SÉCULAIRE

DE LA PESTE DE 1720;

Prononcé dans la chapelle du Lazaret de Marseille, le 16 août 1820;

En présence de M. le Comte de Villeneuve, Préfet, de M. de Raymond, Chevalier de la Légion d'honneur, Maire-adjoint (M. le marquis de Montgrand, Maire, étant absent), et de MM. les Intendans de la santé publique (*).

~~~~~~~~~~

A MARSEILLE,
De l'imprimerie de Joseph-François Achard,
boulevart du Musée.
———
1820.

A MESSIEURS

MESSIEURS LES INTENDANS

DE LA SANTÉ PUBLIQUE.

Messieurs,

D'après le désir que vous m'avez fait témoigner, par M. Gravier, Intendant semainier, et dont je suis extrêmement flatté et honoré, de mettre dans vos archives le petit discours que j'ai prononcé, à l'occasion de la fête de St. Roch et de l'année séculaire de la peste, dans la chapelle du Lazaret, discours d'un bien faible mérite, je prends la liberté de vous en adresser vingt exemplaires, que je vous prie d'agréer.

J'ai l'honneur d'être, avec la plus distinguée considération,

Messieurs,

Votre très-humble et très-obéissant serviteur,

GUILLAUME MARTIN,

Chanoine honoraire de la Métropole d'Aix,

Marseille, 25 août 1820. Aum.^{er} du Lazaret.

DISCOURS.

Stans inter mortuos ac viventes, pro populo deprecatus est, et plaga cessavit.

Au milieu des morts et des vivans, il pria pour le peuple, et le fléau cessa.

Nombres, chap. 16, v. 48.

Telle fut, Messieurs, pendant son long pélerinage en Italie, la pénible, mais sainte occupation du serviteur de Dieu dont nous célébrons aujourd'hui la mémoire, de ce bienheureux Roch qui marchait avec intrépidité au milieu des morts et des vivans, ensevelissait les uns et soulageait les autres..... de ce bienheureux Roch, qui adressait sans cesse des vœux ardens au Ciel pour la guérison des peuples affligés de la peste, et obtenait souvent du Dieu de toute consolation, la cessation de cet horrible fléau... *Stans inter mortuos ac viventes, pro populo deprecatus est, et plaga cessavit.*

Je n'emprunterai point ici les vives couleurs de l'éloquence; je me contenterai de répandre un intérêt touchant sur les traits principaux de sa vie, c'est-à-dire, sur son abandon généreux d'une grande fortune, sur son dévouement héroïque au service des pestiférés, et sur l'entière abnégation de lui-même; vertus éminemment chrétiennes, qui lui méritèrent d'être placé dans les sacrés diptyques de l'église au Concile général de Constance.

Daignez, Messieurs, m'honorer quelques instans d'une pieuse attention.

Roch est d'autant plus digne et de notre culte et de notre confiance, qu'il est français, qu'il est surtout un puissant protecteur contre la peste. Il naquit vers la fin du 3me siècle à Montpellier, dont son père, aussi recommandable par sa noblesse que par ses vertus, avait le commandement et la haute justice (1).

Elevé avec soin par Libérie sa mère, dans la religion catholique, alors la seule reconnue, la seule professée en France et dans toute l'Europe, Roch montra, dès les premières années de son enfance, une piété tendre, une obéissance respectueuse, un caractère doux, sensible, humain; une innocence, une candeur, une simplicité de mœurs, qui charmaient et édifiaient tout le monde.

On ne le vit jamais courir après les vains amusemens du siècle, hélas! source souvent trop féconde en désordres et en malheurs pour la jeunesse, séduite par des charmes trompeurs et frivoles!

Son cœur, né pour la vertu, dédaignait les folles vanités de la terre, et ne sentait d'attrait que pour les biens solides du Ciel.

Privé de bonne heure de ses parens, devenu l'unique héritier d'une succession opulente, *parfaitement libre de ses actions*, le jeune Roch, loin de se glorifier dans l'or et dans l'argent, loin d'y mettre ses espérances, les méprise, s'en détache, et vend d'abord une portion considérable de son riche patrimoine, pour la consacrer à d'abondantes aumônes.... Les jours les plus doux et les plus précieux pour lui, sont ceux qu'il compte par ses bienfaits et qu'il sanctifie par ses largesses.... Il ouvre des mains libérales pour répandre en secret des secours et des consolations sur la misère.... Il rompt, pour me servir d'une expression de l'écriture, il rompt, et partage son pain avec l'indigent, parce qu'il considère en lui l'image de Dieu, le frère et le membre de J. C.

Ennemi du monde, il le fuit ce monde dangereux, ce monde bruyant, il le fuit pour en être ignoré, pour jouir des douceurs d'une vie tranquille et retirée, toutes les fois que les bienséances de son rang peuvent le lui permettre.

Tant de qualités morales, tant de vertus chrétiennes si heureusement réunies, ne pouvaient manquer de donner au Ciel et à la terre un spectacle frappant.

Bientôt dégoûté du monde, bientôt détaché des richesses, tout pénétré de ce conseil de notre divin législateur : *Si vous voulez être parfait, allez, renoncez à vos biens et suivez-moi*........

(9)

Animé d'une foi vive, doué d'une dévotion solide, n'écoutant ni la chair, ni le sang, ni la fortune, ni le monde, Roch conçoit le religieux dessein d'aller à Rome pour visiter le tombeau des saints apôtres... Déjà il abandonne avec générosité à un oncle paternel, et ses titres et ses vastes possessions : déjà il dit adieu à sa patrie, il part, quitte la France, traverse les Alpes, entre en Italie ; il arrive dans la capitale du monde chrétien (2).

N'attendez pas, Messieurs, que je vous parle ici de la bonne odeur que répandent dans Rome, sa piété, ses vertus et ses exemples ; n'attendez pas non plus que je vous raconte les jeûnes, les veilles, les austérités, toutes les pénitences par lesquelles il réduit, comme l'apôtre, son corps en servitude ; n'attendez pas enfin que je vous représente notre dévot pélerin visitant les temples, les basiliques et autres monumens chrétiens de la ville sainte.... Je ne vous parlerai que de Roch, uniquement occupé à des œuvres de charité, c'est-à-dire, à soulager, à consoler, à secourir l'humanité souffrante.

Le feu de la peste est allumé dans Rome, et y fait des ravages affreux...... Messieurs, ainsi qu'un champ de bataille, la religion a ses héros!.. Roch ne consulte ni la crainte, ni le danger, ni la mort ; il se dévoue tout entier au service des pestiférés.

O vous, hospices sacrés ! vous, charitables hôpitaux ! vous tous asiles humains destinés à recevoir les victimes innombrables de la contagion ! parlez ! et racontez les actions héroïques de notre intrépide pélerin !

Roch est tout à tous : il court, vole, pénètre partout ; il porte partout et des secours et des consolations.

Suivons-le, Messieurs, dans ces différens lieux consacrés à la religion et à l'humanité, et nous le verrons, ce compâtissant Samaritain, embrasser les malades, les soigner, laver, panser sans répugnance, les ulcères dégoûtans qui couvrent et dévorent leurs corps.

Nous le verrons, cet infatigable Tobie, marcher avec un saint courage au milieu des morts et des vivans, *inter mortuos ac viventes;* exercer envers tous des œuvres de miséricorde, consoler ceux-ci, et livrer ceux-là à une sépulture religieuse... Nous le verrons, ce nouveau Thaumaturge, puissant en prodiges, opérer des guérisons sans nombre, tantôt par un simple attouchement, tantôt par le seul signe de notre rédemption....... Nous le verrons enfin, comme Moïse, comme Aaron, élever les mains au Ciel, prier pour un peuple malheureux, frappé de la colère divine, et obtenir d'un Dieu tout miséricordieux, la cessation d'une plaie terrible et destructive : *Pro populo deprecatus est, et plaga cessavit* (3).

Non-seulement Rome, mais encore Aquapendente, Rimini, Césène, Plaisance et autres villes livrées aux fureurs de la peste, éprouvent toute l'ardeur de sa charité et de son dévouement... Partout on le reçoit comme un envoyé du Ciel, comme un ange consolateur, comme un homme de Dieu. Partout les bouches ne cessent de s'ouvrir pour bénir sa pitié, pour exalter son zèle, pour publier ses louanges, pour raconter ses merveilles.

Ah! tremblons cependant, tremblons pour la vie de notre saint pélerin! Tandis qu'il se devoue au service des malades pestiférés avec tant de zèle, avec tant de charité, il est atteint lui-même de la peste dans l'hôpital de Plaisance, et tourmenté par les douleurs les plus aiguës... Mais, rassurons-nous, ne craignons rien, Messieurs, ne craignons rien pour des jours si utiles, si précieux !... Dieu veut faire éclater en lui et sa puissance et sa gloire... Roch vit... Le Tout-Puissant veille sur lui, et le délivre de la plus maligne contagion, par la plus miraculeuse des guérisons (4).

Après un séjour très-prolongé en Italie, cette belle portion de l'Europe... Après l'avoir remplie du bruit de ses œuvres et de ses miracles... Après y avoir laissé un nom de sainteté, de vénération , de bénédiction, Roch repasse les Alpes vers le commencement du 14me siècle, rentre en France, et se rend à Montpellier, sa patrie. Son oncle en était gouverneur, et au retour de notre illustre pélerin, le feu de la guerre embrasait nos provinces, et le Languedoc principalement.

Adorons ici les desseins impénétrables du Très-Haut, qui permet quelquefois que les hommes les plus justes, les plus innocens soient exercés, éprouvés, purifiés, comme on éprouve et purifie l'or dans la fournaise, ainsi que nous l'apprennent les divines écritures.

Roch, absent depuis long-tems de la maison paternelle, inconnu à ses proches, à ses concitoyens, est arrêté comme un espion, par ordre de son oncle et enfermé dans une étroite prison........ O abnégation ! ô anéantissement ! ô sentimens que vous seule, Religion sainte, pouvez inspirer ! Roch aime mieux rester inconnu ; il aime mieux souffrir ces humiliations, supporter ces ignominies, plutôt que de se justifier en se faisant connaître.

Il peut arriver, disent Saint Jérôme et Saint Grégoire le grand, que l'homme abandonne sans peine ses biens, ses richesses et ses trésors ; le paganisme nous en fournit des exemples ;... mais qu'il renonce à lui-même, qu'il se méprise lui-même, qu'il s'abandonne lui-même, voilà le pénible, le difficile, le chef-d'œuvre du christianisme (5).

Roch soutient, dans son obscur cachot, un caractère si constant de douceur, de patience et de résignation; il y passe, pendant plusieurs années, une vie si tranquille, si chrétienne, si pénitente, que ses propres geoliers en deviennent les admirateurs et les panégyristes.

Jusques à quand, ô mon Dieu! jusques à quand permettrez-vous que la vertu soit confondue avec le crime! Jusques à quand souffrirez-vous que cet autre Joseph reste ignoré et inconnu!... Faites, ô mon Dieu! faites connaître son innocence! faites parler le sang! éclairez l'oncle, et les fers du neveu tomberont incontinent.

Oui, Messieurs, Dieu fait enfin connaître Roch et paraître son innocence ; mais il ne la fait connaître qu'après avoir rompu d'autres liens, ceux qui l'attachent à la terre... Roch n'est plus! son âme s'est envolée avec joie dans le sein d'Abraham.

Aussitôt, le Seigneur, toujours magnifique dans ses élus, l'exalte autant qu'il s'est humilié, par une infinité de miracles... Aussitôt, l'oncle reconnaît, à des marques non équivoques, un neveu si grand en mérite devant Dieu et devant les hommes... Plongé dans la douleur la plus amère, il répare, par des larmes expiatoires, une erreur involontaire... Il fait rendre avec magnificence les honneurs funèbres à des dépouilles sanctifiées par une âme toute belle, toute pure, toute céleste... On accourt en foule à des obsèques dûes aux sublimes vertus, plus qu'à la naissance de cet illustre serviteur de Dieu... Déjà on répand avec profusion des fleurs sur la tombe de ce précieux dépôt... Déjà des autels sont dressés à sa glorieuse mémoire (6).

Depuis long-tems la dévotion envers Saint Roch était connue en France et en Italie, lorsqu'elle prit de merveilleux accroissemens dans tout l'univers, au commencement du 15me siècle.

A cette époque, un Concile œcuménique, célèbre dans les fastes de l'église et de l'histoire, était assemblé à Constance... La peste se déclare dans la ville, et menace les habitans de ses funestes atteintes... La frayeur s'empare des esprits... Les uns s'enferment, les autres fuyent, l'alarme est générale... Les pères même du Concile se disposent à partir, et à se séparer, quand un pieux allemand fait entendre sa voix, articule le nom de Roch, et exhorte le peuple à recourir à son intercession... Un jeûne général est d'abord commandé, et une procession qui pouvait paraître dangereuse aux yeux de la sagesse humaine, est indiquée... Les cardinaux, les évêques, les prélats, tous les pères du Concile, les magistrats l'honorent et l'embellissent de leur présence... On y porte avec pompe l'image du bienheureux Roch... On implore son assistance, on l'invoque, et la peste cesse tout-à-coup... On crie ô miracle ! on exalte son nom, on préconise ses vertus, on lui rend des hommages. Roch, en un mot, est canonisé pendant la tenue du Concile, et exposé à la vénération publique, au grand contentement des pères et des fidèles de Constance, comme de toute l'église.

A cette canonisation solennelle, succèdent des temples élevés de toute part à son culte... Rome, Césène, Plaisance et autres villes d'Italie, offrent, depuis plusieurs siècles, aux yeux des pieux voyageurs, des édifices consacrés à son nom... La capitale de notre France renferme un des plus magnifiques monumens, dont les voûtes sacrées retentissent journellement des hymnes et des cantiques en son honneur.

C'est, Messieurs, parce que Saint Roch a été frappé de la peste; c'est parce qu'il a servi et guéri pendant sa vie les pestiférés; c'est enfin parce qu'après sa mort il en a guéri un grand nombre, qu'on a recours aujourd'hui dans tous les pays catholiques à son intercession, pour être délivré ou préservé de la contagion.

Marseille, qui ne le cède en piété à aucune autre ville, l'invoque, depuis un tems immémorial, comme une de ses principaux protecteurs. Sa fête était même chômée dans ses murs, avant notre destructive et impie révolution.

Aussi, l'administration de la santé publique, toujours chrétienne, toujours religieuse, marchant sur les traces de la mère-patrie, a-t-elle pris Saint Roch pour patron, et mis sous sa proctection spéciale ce Lazaret... ce Lazaret, Messieurs, encore tout glorieux d'avoir possédé, dans moins d'un lustre, huit augustes rejetons du beau, du noble sang de St. Louis et de Henri IV (7); rejetons parmi lesquels nous avons admiré S. A. R. Marie-Caroline, princesse des Deux-Siciles, Madame la duchesse de Berry, hélas (8)! dont la récente infortune a causé tant de douleur, et fait verser tant de larmes à la France et à l'Europe entière... Ah! plaise au Ciel, de lui accorder la naissance d'un prince qui la console et adoucisse ses malheurs (9)! D'un prince qui soit l'espoir de la nation et l'espérance du trône !

Ce Lazaret, asile précieux qui reçoit dans son sein, sans jamais les repousser, les étrangers sains ou malades qui y abordent de toutes les plages du monde (10).

Ce Lazaret, asile salutaire où l'on comprime les miasmes pestilentiels par les moyens d'une longue expérience, mais surtout par l'observance scrupuleuse des règlemens sanitaires, dont l'heureuse sévérité est la sauve-garde du bien public et de la tranquillité générale.

Ce Lazaret, asile consolant où l'on trouve, pour l'âme et pour le corps, tous les secours que, de concert, peuvent offrir et la religion et l'humanité.

Ce Lazaret enfin, qui par sa triple enceinte, va devenir un boulevart inaccessible et comme le palladium, si je puis me servir ici de ce terme, comme le palladium de Marseille, contre les atteintes destructives de la peste, ce fléau terrible, qui en fit un vaste cimetière en 1720, hélas ! époque fatale, dont l'affreux souvenir effraye encore notre esprit et afflige notre cœur, malgré l'intervalle de cent ans (11).

Epoque toutefois édifiante (12) à laquelle nous sommes redevables d'un pasteur immortel, ah ! couronné sans doute dans le Ciel de l'auréole de la charité ! d'un pasteur immortel qui, nouveau Borromée, se consacra tout entier au service des pestiférés, parcourant les rues et les places, marchant comme un autre Roch, parmi les vivans et les morts répandant partout des secours spirituels et temporels, désirant d'être anathême pour le salut de son troupeau, offrant, entouré des débris de son clergé fidèle, (13) offrant à l'Eternel, en expiation des péchés du peuple, le sacrifice non sanglant de la Croix, au milieu de ce Cours où nous avons vu en 1820 un pontife aussi recommandable par ses lumières, par ses vertus, par son zèle, que par la noblesse de ses ancêtres, (14) bénir, dans un jour de solennité, un nombre infini de Marseillais... Rapprochement vraiment admirable qui présente à notre mémoire, d'une manière bien expressive quoique bien différente, le vénérable, je dirais presque le bienheureux Belsunce, bénissant les pestiférés entassés et expirans sur ce même Cours, il y a précisément un siècle.

Grand Saint Roch ! du haut des Cieux où vous occupez un trône distingué, en récompense de votre volontaire pauvreté, de votre rare humilité, mais surtout de votre héroïque et inépuisable charité envers les pestiférés, préservez-nous par votre puissant crédit auprès de Dieu, préservez-nous à jamais des malheurs de la peste ! Préservez, par votre sainte intercession, préservez de tout mal notre auguste monarque, nos princes, nos princesses, tous les Bourbons ! Protégez aussi nos premiers magistrats, qui ont l'heureux talent de maintenir cette populeuse cité dans la tranquillité, dans la soumission et l'obéissance au souverain légitime... Protégez encore nos zélés intendans et leurs subordonnés, qui, tous animés du même esprit, ont su arrêter, enchaîner, étouffer le monstre de la contagion échappé depuis peu de tems de la barbare Afrique, et nous garantir de ses cruelles attaques, par leur permanente et infatigable surveillance (15).

Enfin, ô glorieux Saint Roch! obtenez-nous la grâce d'être préservés, sur la terre, de la contagion du péché mortel, afin que nous ayons un jour le bonheur de vous voir dans le Ciel, et d'y louer, glorifier, adorer Dieu avec vous pendant la bienheureuse éternité. Ainsi soit-il.

NOTES.

(*) Messieurs : Jean-Baptiste Azar, Ant^e Gravier, Joseph Rougier, Honoré-Jean-Baptiste-Marie Payen, Casimir Lasale, Pierre Plasse, Jean-Antoine Revest, P^{re}-Barthélemy Roux Bonnecorse, Jules-Antoine-François Boissier, Crozet d'Alayer, Etienne Majastre, Bruno-Xavier Rostan, Théodore Michel, Lazare Estieu, Antoine Chaudoin, François Verninac.

(1) L'illustre maison de Castrie s'honore de descendre de la famille de St. Roch, et se glorifie de l'avoir pour parent.

(2) St. Roch avait-à-peine vingt ans lorsqu'il entreprit son pélerinage pour Rome..... Arrivé dans cette capitale du monde, il s'adressa au cardinal Britonique, chez qui il logea pendant trois ans. Il se confessa à lui et reçut de ses mains la Sté. Eucharistie... Ce cardinal, qui était un homme de bien, et rempli de piété, comprenant qu'il y avait en Roch quelque chose de surnaturel et de divin, le prit un jour en particulier, l'exhorta d'employer son crédit auprès de Dieu pour délivrer la ville du fléau de la peste... Roch, après s'être mis plusieurs fois en oraison, se sentant comme inspiré et

exaucé, commença d'abord à faire sur le front du cardinal le signe de la Croix pour le préserver contre la peste..... Il délivra ensuite de la contagion Rome et autres villes voisines par ses prières et par la vertu du même signe de la Croix.

(3) Nous ne considérons point ici la peste comme l'effet d'une cause ou d'une révolution naturelle, mais comme un fléau dont Dieu punit souvent les peuples lorsqu'on abandonne sa loi et qu'on provoque sa colère par l'iniquité..... C'est ainsi qu'il menace son peuple et qu'il le frappe de ce terrible fléau à mesure qu'il devient prévaricateur, ainsi que l'écriture nous en fournit tant d'exemples... Des âmes saintes, des amis de Dieu, ont souvent arrêté le bras de la colère divine dans ces tems de calamités publiques, comme les Moïse, les Aaron, les Roch, les Borromée, les Belsunce, *etc.* persuadés qu'ils étaient que Dieu se rappelle de sa miséricorde lors même qu'il est irrité contre nous, selon que le dit le prophète Habacuc... *Cùm iratus fueris, misericordiæ recordaberis.....* Habac. Ch. 3.

(4) Les douleurs que causait la peste à St. Roch étaient si violentes qu'il ne pouvait s'empêcher de jeter de hauts cris malgré sa parfaite

résignation à la volonté de Dieu; ce qui l'obligea à quitter l'hôpital de Plaisance pour ne point incommoder les malades... Il se retira dans une forêt voisine où la Providence lui ménagea une source d'eau pour désaltérer sa soif brûlante..... Là, un chien lui apportait un pain chaque jour comme un corbeau le faisait autrefois à St. Paul, hermite; ce qu'ayant découvert un nommé Gothard, noble plaisantin, qui avait une maison de campagne dans cette forêt, vint trouver Roch, et le pria de lui dire qui il était, et de quelle maladie il était tourmenté. Le saint lui répondit qu'il avait la peste, et qu'il le suppliait de s'éloigner pour ne pas la prendre lui-même..... Gothard étant retourné chez lui fit de sérieuses réflexions sur ce qu'il avait vu et entendu, prit la résolution d'aller offrir ses services à notre saint, et ne l'abandonna plus jusqu'à son entière guérison... Gothard renonça ensuite aux honneurs et aux biens de ce monde pour vivre en saint solitaire.

(5) *Hoc enim et Crates fecit philosophus, et multi alii divitias contempserunt..... Sanctus Hieronymus, lib. 3, in Matthæum.*

Fortasse laboriosum non est homini relinquere sua, sed valdè laboriosum est relinquere semet-ipsum. Minus quippe est, abnegare quod habet. Valdè autem multum est, abnegare quod est... Homilia 32. Sancti Gregorii papæ in Evangelia.

(6) Peu de tems après la mort de St. Roch, son oncle fit bâtir une église en son honneur.

(7) Au mois de juillet 1814 S. A. S. Madame Louise-Marie-Adélaïde de Bourbon Penthièvre, duchesse d'Orléans, transportée de Mahon par un vaisseau de ligne de S. M. Britannique, fit quarantaine au Lazaret.

Au mois d'août de la même année le duc d'Orléans, sa sœur, Mademoiselle, sa femme, princesse des Deux-Siciles, et ses trois enfans ont fait quarantaine au même Lazaret. C'est à la fin de mai 1816 que S. A. R. Marie-Caroline, princesse des Deux-Siciles, aujourd'hui Madame la duchesse de Berry, fit sa quarantaine.

(8) Le duc de Berry, son époux, a été assassiné par Louvel le 13 février 1820.

(9) Madame la duchesse de Berry est dans ce moment au neuvième mois de sa grossesse.

(10) Les pestiférés ne sont jamais repoussés du Lazaret de Marseille, de quelque port qu'ils viennent, et y reçoivent tous les secours possibles. Le local en est fort vaste, et l'air y est très-salubre. Il était placé autrefois aux infirmeries vieilles qu'habitent aujourd'hui les pêcheurs ca-

talans, et auparavant à l'Ourse, vis-à-vis le couvent des ci-devant Carmélites..... On n'a qu'une connaissance imparfaite de cet ancien Lazaret... Il est probable, qu'avant et après plusieurs siècles de l'ère vulgaire, Marseille n'avait point de Lazaret, et qu'on ne prenait aucune mesure pour se garantir de la peste.

(11) On évalue à cinquante mille le nombre des victimes de la peste en 1720. Comme la population de Marseille ne s'élevait pas alors au-dessus de cent mille âmes, on peut avancer qu'il périt plus de la moitié des habitans.

On compte vingt pestes à Marseille depuis l'an 49 avant J. C. jusqu'à celle de 1720. Jules-César parle de la première, c'est-à-dire, de celle de l'an 49 avant la naissance de N. S., dans le livre de la guerre civile, où il dit que la peste affligeait Marseille quand il en fit le siége..... La seconde en 588 et la troisième en 592, dont parle Grégoire de Tours, furent très-meurtrières. St. Théodore était évêque de Marseille lors de la peste de 588. Il ne cessa, pendant tout le tems de la contagion, de fléchir, soit par ses prières, soit par ses jeûnes, la colère de Dieu, et d'implorer sa miséricorde pour la cessation du fléau.

Si le catalogue de ces vingt pestes est véritable, il est à remarquer que, depuis 592 jusqu'en 1347, c'est-à-dire, pendant l'espace de plus de sept siècles, il n'y eut aucune peste. Cette quatrième contagion fut générale en Provence, et enleva les trois-quarts des habitans de Marseille. En 1476, 1484, 1505, 1506, 1507, 1527 et 1530, Marseille a éprouvé sept pestes dans l'intervalle de 54 ans... Tous les habitans quittèrent la ville à l'époque de la dernière.

Celles de 1547, de 1556 et de 1557 furent peu considérables; mais celle de 1580 enleva plus de 30,000 personnes, et se ralluma avec tant de fureur au mois de mars de l'année suivante, qu'il n'y eut que deux ou trois mille individus qui en échappèrent... Elle reparut en 1586, 1587 et 1628, mais elle ne fit pas de grands ravages.

La pénultième peste est celle de 1649, qui, comme celle de 1720, commença au mois de juin, fut très-violente au mois d'août, et dura jusqu'au mois de février 1650... Voyez la relation historique de la peste de Marseille en 1720, imprimée à Cologne en 1721, sans nom d'auteur.

S'il faut en croire Pétrone, les anciens Marseillais faisaient, en tems de peste, un sacrifice, qui consistait à engraisser un pauvre et à le précipiter ensuite... C'était là un bouc émissaire que le peuple chargeait d'exécrations... En supposant la vérité de cette espèce de sacrifice, il semblerait qu'il y a eu à Marseille des pestes antérieures à celle dont parle Jules-César, qu'on regarde pourtant comme la première de toutes.

(12) M. de Belsunce, de sainte mémoire, s'est immortalisé, par son courage apostolique et par sa charité inépuisable, pendant tout le tems de la peste de 1720... Le jour de la Toussaint, il célébra la messe au milieu du Cours... Il s'y rendit pieds nus, la corde au cou, une torche à la main, monta dans cette attitude pénitente à l'autel élevé parmi des mourans et quelques fidèles vivans, échappés aux horreurs de la contagion, qu'il bénit après le saint sacrifice... Le 15 du même mois, il donna la bénédiction au peuple du haut du clocher des Accoules, qui semble n'avoir échappé aux fureurs destructives de la révolution, que pour éterniser la mémoire de ce religieux spectacle.

(13) ... Entouré des débris de son clergé fidèle... Presque tous les prêtres étaient morts à cette époque, et avaient reçu la palme du

martyre de la charité... Plus de trois cents religieux furent victimes de la peste, en confessant les malades. Les églises étaient fermées, l'encens n'y fumait plus, les autels étaient sans sacrifice et sans sacrificateurs... Marseille était sans prophètes, exceptés son premier pasteur et quelques-uns de ses lévites que l'ange exterminateur avait épargnés.

(14) ...... M. de Beausset Roquefort, archevêque d'Aix et d'Embrun, suivi de tout son clergé, a béni un peuple immense sur le Cours, le 9 juin 1820, à l'occasion de la procession de la fête du Sacré-Cœur; procession qui est comme le prélude de celle qui aura lieu en 1821, année séculaire de la cessation de la peste qui ravagea, d'une manière si épouvantable, la ville de Marseille.

(15) La peste a été au Lazaret quatre ou cinq fois depuis celle de 1720, et tout récemment au mois de juin de l'année dernière 1819... Marseille est redevable, d'avoir été préservée de toutes ces pestes, à la surveillance continuelle de MM. les Intendans de la santé, et j'ose avancer qu'on doit considérer aujourd'hui la peste, quand elle est au Lazaret, comme si elle était au milieu des terres de l'Afrique, sans craindre qu'elle pénètre dans la ville... Aussi,

l'administration de la santé publique mérite-t-elle et la reconnaissance et la confiance non-seulement des Marseillais, mais encore de tous les Français et de tous les étrangers...

Nous terminerons ces notes par une réflexion chrétienne... Les fléaux sont souvent l'effet de la colère du Seigneur... Jérusalem était la cité de Dieu, elle lui était chère; mais s'étant égarée du sentier de ses lois, elle prévariqua, s'attira sa divine colère, et croula enfin sous le fardeau de toutes les calamités, en punition de ses crimes... On aurait beau veiller sur la sévérité des lois sanitaires; on aurait beau prendre toutes les mesures que la prudence humaine peut suggérer; on aurait beau isoler, enfermer la peste dans un Lazaret impénétrable, si Dieu ne gardait la cité, s'il ne veillait sur elle, si jamais sa colère n'était provoquée par nos iniquités; toute précaution serait inutile, toute vigilance vaine, et Marseille pourrait devenir de nouveau la proie de cet horrible fléau. *Nisi Dominus custodierit civitatem, frustrà vigilat qui custodit eam.* Pseaume 126. C'est là la sainte devise placée à la tête des anciens règlemens sanitaires.

www.ingramcontent.com/pod-product-compliance
Lightning Source LLC
Chambersburg PA
CBHW061007050426
42453CB00009B/1305